Eva Danner & Beate Vogel

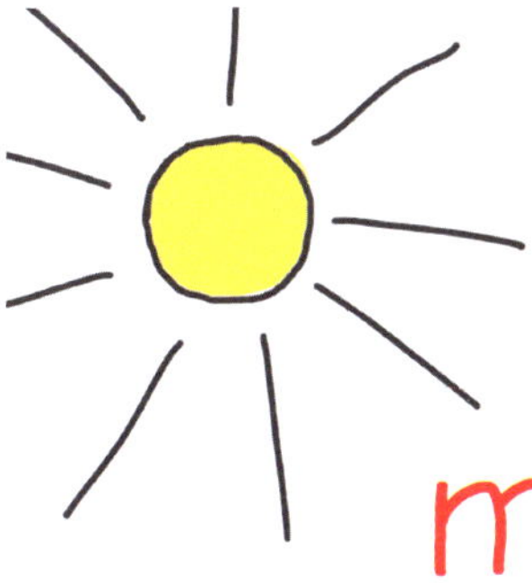

Mein allererstes Bastelbuch mit Filz, Stoff & Papier

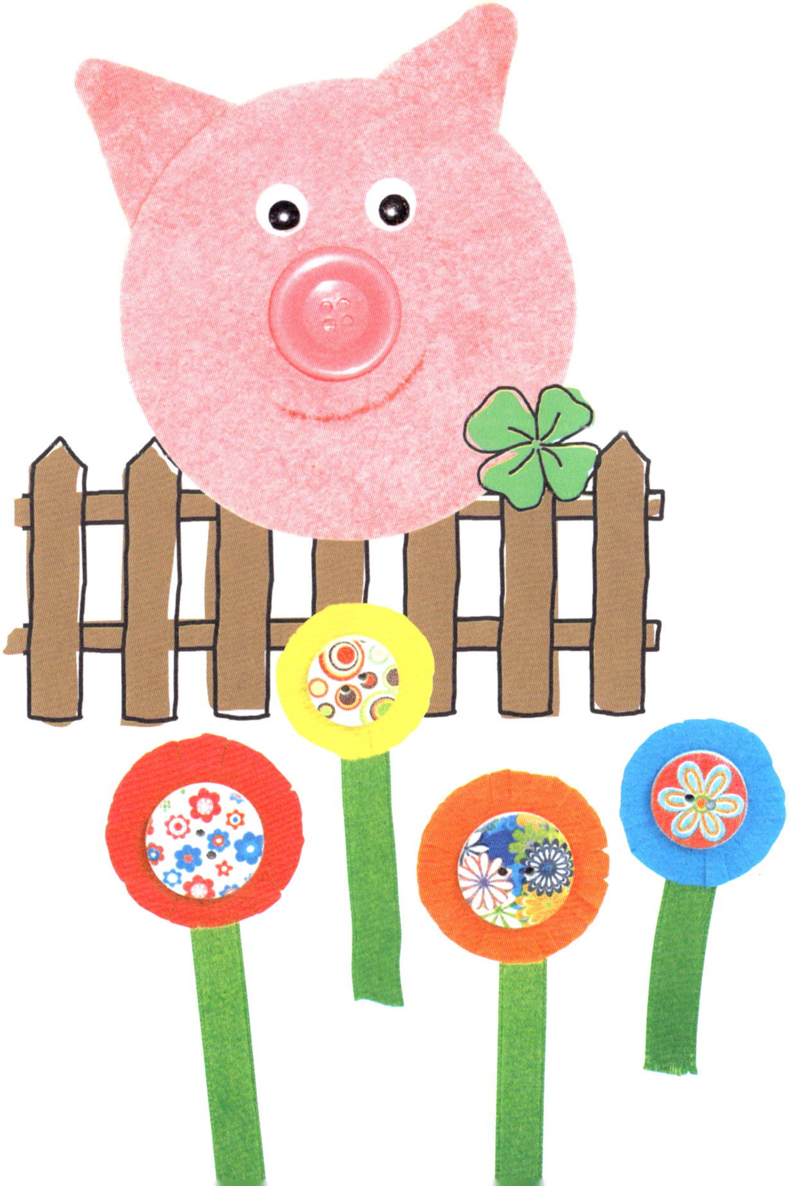

CV

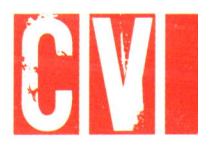

Inhalt

Bastelspaß pur

Stoff und Filz sind wunderbare Materialien. Stoff gibt es in allen erdenklichen Farben und Mustern und jeder fühlt sich anders an. Samt ist weich und anschmiegsam, Tüll hat eine steife Textur, Chiffon ist weich, fließend und durchscheinend. Und Filz fühlt sich kuschelig und warm an. Die vielen unterschiedlichen textilen Materialien ermöglichen unzählige Gestaltungsmöglichkeiten.

Gerade für jüngere Kinder, die noch nicht nähen, stricken oder häkeln können, bietet dieses Buch eine wahre Fundgrube an Ideen, wie man mit Stoff kreativ tätig sein kann. Alle vorgestellten Modelle sind ausschließlich geschnitten, geklebt und/oder geknotet. Nichts muss vernäht werden, sodass schon jüngere Kinder beim Gestalten viel Freude haben werden. Auf diese Weise können die Kinder schöne Taschen basteln sowie hübsche Dekorationen, Geschenke, Puppen, Karten und vieles mehr anfertigen.

Natürlich können Sie die Vorschläge auch verändern, indem Sie andere Farben oder Stoffe miteinander kombinieren. Lassen Sie Ihrer Fantasie freion Lauf, seien Sie kreativ, und lassen Sie sich von unseren Vorschlägen inspirieren.

Bei der Auswahl der Angebote haben wir auf folgende Faktoren großen Wert gelegt:
· einfache Schritt-für-Schritt-Anleitungen mit Fotos,
· kurze Vorbereitungszeit,
· schnelle Erfolgserlebnisse für die Kinder,
· farbenfrohe, individuelle Ergebnisse,
· Themen, die sich an der Lebenswelt der Kinder orientieren.

Viel Spaß und Freude beim Ausprobieren wünschen
Eva Danner und Beate Vogel

Material & Technik

Filz und Stoff

Von den folgenden Materialien brauchen Sie jeweils nur eine kleine Menge für die Bastelarbeiten. Vielleicht haben Sie ja bereits eine „Restekiste" zu Hause, aus der Sie auswählen können. Manchmal werden auch kleine „Stoffpakete" preisgünstig im Fachhandel angeboten. Folgende textile Materialien werden verwendet:

☆ **Bastelfilz** ist 0,9 mm stark und lässt sich deshalb von Kinderhänden prima schneiden. Wichtig: Es gibt auch sogenannten Textilfilz. Dieser ist wesentlich dicker als Bastelfilz und für kleine Kinder nur schwer zu bearbeiten.

☆ **Fellimitat/Plüsch** eignet sich gut für kuschelige Tiermodelle, z.B. für das Schaf, den Dackel oder den Bär.

☆ **Wirksatin** („Karnevalsseide") ist ein geschmeidiger, weich fließender und preisgünstiger Stoff mit wunderschönem Glanzeffekt.

☆ **Tüll** ist ein durchscheinender Stoff und eignet sich gut, wenn eine gewisse Steife erzielt werden soll.

☆ **Baumwolle** ist ein glatter Stoff und meist in einer Breite von 1,50 m erhältlich. Baumwolle hat eine angenehme Textur und lässt sich leicht verarbeiten.

☆ **Samt** glänzt wunderschön und fühlt sich weich und angenehm an. Mit diesem Stoff lassen sich tolle, schimmernde Akzente setzen.

☆ **Netzgewebe** ist aufgrund seiner offenen Struktur hervorragend geeignet, um tolle Effekte zu erzielen. Es ist in Gold und Silber erhältlich.

Baumwolltaschen

In diesem Buch werden verschiedene Taschen zu einzigartigen Unikaten gestaltet. Die weißen Baumwolltaschen gibt es im Fachhandel, sie haben eine Größe von 18 x 26 cm (klein) und 38 x 42 cm (groß). Beim Bekleben der Modelle am besten einen dicken Karton als Schutz in die Tasche hineinlegen, damit der Klebstoff nicht durchweichen kann.

Weitere Materialien

Bierdeckel (11 cm Ø), Knöpfe in verschiedenen Formen und Farben, Märchenwolle, Wackelaugen (rund oder oval), Tonkarton (220 g/qm), Chenilledraht sowie verschiedene Stoffbänder, z.B. aus Chiffon, Baumwolle, Polyester oder Satin.

Scheren

☆ Schneiderschere: Diese eignet sich gut zum Zuschneiden von großen Stoffstücken, denn sie schneidet präzise und leichtgängig, und man hat stets eine saubere Schnittkante.

☆ Kinder-Bastelschere: Diese eignet sich gut für Kinder, um die vorgeschnittenen Stoffstücke weiter zuzuschneiden. Sie hat eine abgerundete Sicherheitsschneide. Die Kunststoffgriffe sind für Kinder optimal.

☆ Spitze Schere: Um kleine Löcher in den Stoff zu stechen, eignen sich Stickscheren oder Silhouettenscheren sehr gut. Da sie sehr spitz sind, sollten Kinder diese nur unter Aufsicht verwenden.

Klebstoffe

☆ Textilkleber: Dieser lösungsmittelfreie Kleber eignet sich hervorragend zum Kleben von Textilien, Filz, Knöpfen etc. Man kann ihn entweder direkt aus der Flasche auftragen oder in einen Becher füllen und mithilfe eines Pinsels verteilen.

☆ Heißkleber: Dieser eignet sich gut, um Materialien wie Knöpfe oder Wackelaugen schnell zu fixieren. Das Arbeiten damit sollte jedoch nur von Erwachsenen ausgeführt werden.

☆ Klebestift: Um sehr dünne oder durchscheinende Stoffbänder zu befestigen, eignet sich ein lösungsmittelfreier Klebestift hervorragend, da er nicht durchdrückt.

Kreise herstellen

Mithilfe von Tassen, Tellern, Klebestiftkappen oder Gläsern können unterschiedlich große Kreisformen angefertigt werden: Einfach den ausgewählten Gegenstand auf das Papier legen, mit einem Bleistift an der Form entlangfahren und die Kreisform ausschneiden. Die Kreise müssen nicht perfekt rund geschnitten sein.

8

Fische

So gehts

1 Für die runden Fische die Filzstücke wie abgebildet zuschneiden, die beiden Wackelaugen bereitlegen.

2 An den beiden großen Kreisen (Körper) je ein Dreieck als Mund ausschneiden. Die drei kleineren Kreise halbieren und als Flossen verwenden.

3 Die Fischkörper und Flossen lassen sich auch gut aus Filzrechtecken anfertigen. Wer mag, kann zudem aus einem kleinen halbierten Filzkreis ein Fischmaul ergänzen.

4 Die Einzelteile der Fische der Abbildung entsprechend mit Textilklebstoff zusammensetzen. Die beiden Wackelaugen aufkleben (eventuell mit Heißkleber). Eine Nylonschnur zum Aufhängen anbringen.

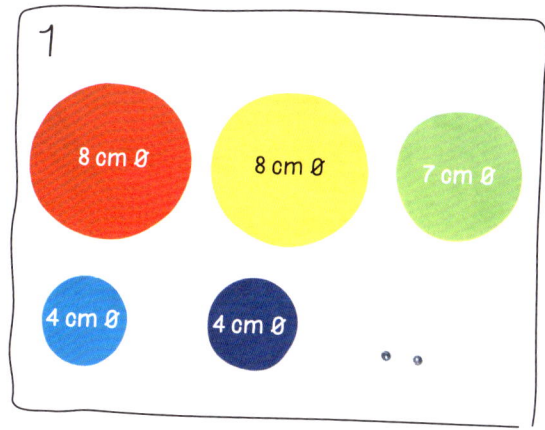

Marienkäfer

Du brauchst: zwei Bierdeckel (alternativ: Fotokarton), schwarzen und roten Filz, zwei runde Wackelaugen, mehrere kleine schwarze oder graue Knöpfe, eine Holzwäscheklammer, schwarzer Chenilledraht; Textilklebstoff (eventuell Pinsel), Heißkleber, Klebestreifen, Schere

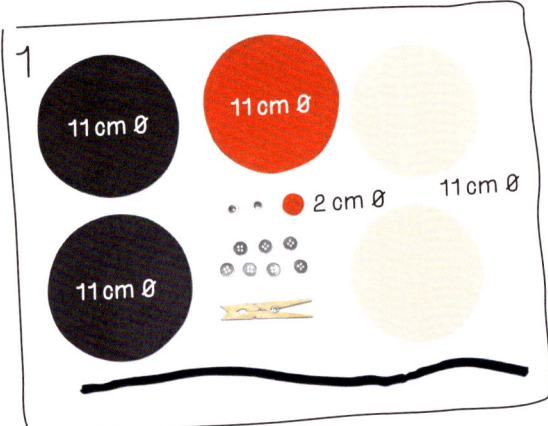

So gehts

1 Die Filzstücke wie abgebildet zuschneiden. Die Bierdeckel, die Wackelaugen, die Knöpfe, den Chenilledraht und die Holzklammer bereitlegen.

2 Für die Flügel den großen roten Kreis halbieren. Den kleinen roten Kreis halbieren und eine Hälfte als Mund verwenden. Für die Fühler vom Chenilledraht zwei Stücke abschneiden. Mit Textilkleber die beiden schwarzen Kreise auf die Bierdeckel kleben. Auf einen der Kreise die Flügel und den Mund aufkleben, die Wackelaugen und Knöpfe ergänzen. Mit Klebestreifen die beiden Fühler an der Rückseite befestigen.

3 Die Holzklammer mit Heißkleber mittig auf die Unterseite eines bezogenen Bierdeckels befestigen. Anschließend die Unterseite des zweiten Bierdeckels auf der Holzklammer ebenso anbringen, sodass die Klammer zwischen den beiden Deckeln fixiert wird und beweglich bleibt.

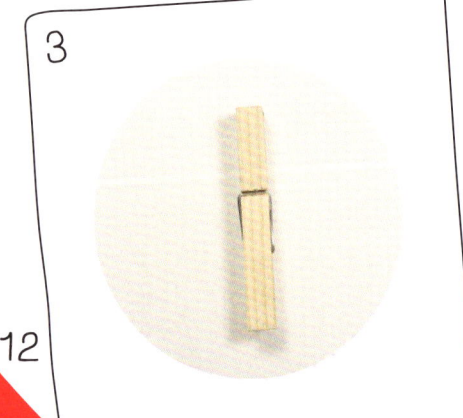

Schmetterlinge

Du brauchst: dunkelblauen und grünen (alternativ: gelben, roten oder hellblauen) Filz, vier verschiedenfarbige kleine Knöpfe; Textilklebstoff (eventuell Pinsel), Heißkleber, Schere, Nylonschnur

So gehts

1 Für einen Schmetterling die Filzstücke wie abgebildet zuschneiden. Die Knöpfe bereitlegen.

2 Für die Flügel den Kreis halbieren. Vom Rechteck alle Ecken abschneiden und als Körper verwenden.

3 Mit dem Textilklebstoff die Flügel am Körper anbringen.

4 Die Knöpfe ergänzen (eventuell mit Heißkleber). Eine Nylonschnur zum Aufhängen anbringen.

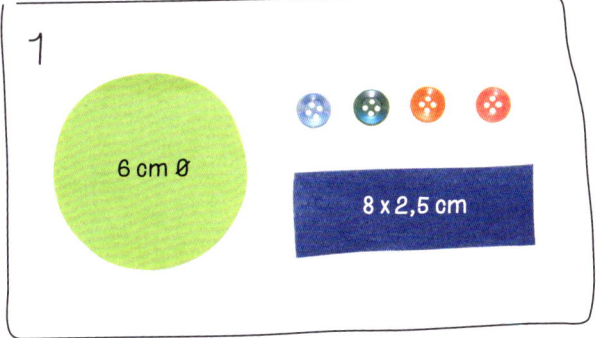

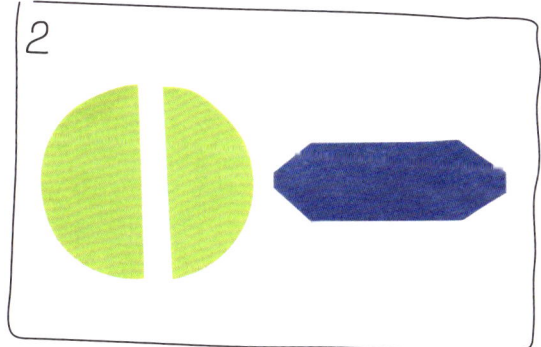

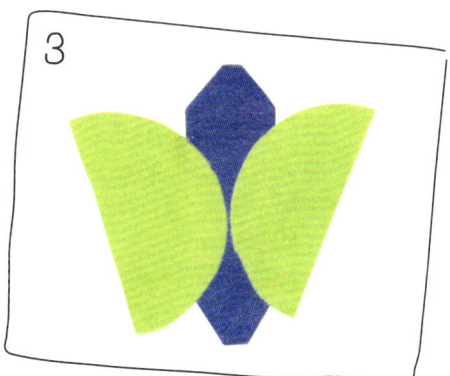

Schmetterlingsmobile

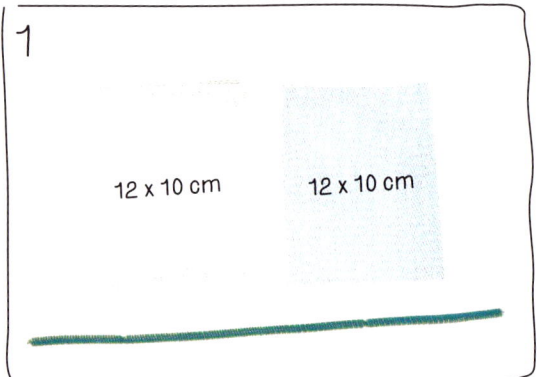

So gehts

1 Für einen Schmetterling zwei Tüllstücke wie abgebildet zuschneiden. Den Chenilledraht bereitlegen.

2 Die Tüllrechtecke übereinanderlegen. Vom Chenilledraht ein etwa 10 cm langes Stück abschneiden.

3 Den Tüll der Abbildung entsprechend mittig zusammenraffen und mit dem Chenilledraht umwickeln. Die beiden Drahtenden als Fühler umknicken.

4 Die Tüll-Schmetterlinge mit verschieden langen Nylonschnüren am Holzmobile-Stern befestigen. Ein Satinband als Aufhängung anbringen.

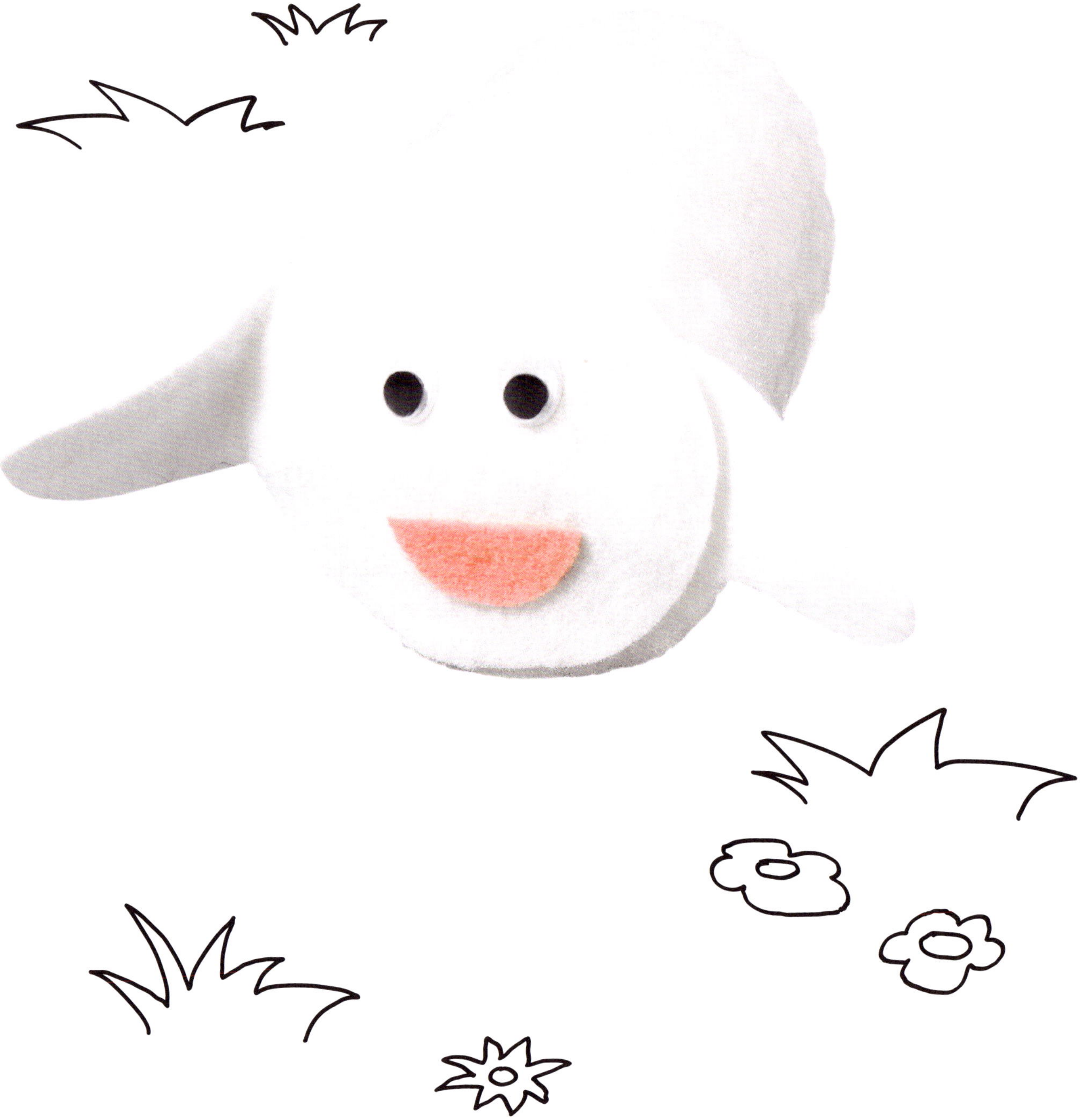

Schaf

Du brauchst: eine Papprolle (Toilettenpapierrolle), weißen Plüsch, rosafarbenen und weißen Filz, zwei ovale Wackelaugen; Textilklebstoff (eventuell Pinsel), Schere

So gehts

1 Die Plüsch- und Filzeinzelteile wie abgebildet zuschneiden. Die Wackelaugen und die Papprolle bereitlegen.

2 Von den beiden weißen Filzrechtecken jeweils zwei nebeneinanderliegende Ecken rund abschneiden (Ohren). Den rosafarbenen Kreis halbieren und eine Hälfte für den Mund verwenden.

3 Die Kopfeinzelteile der Abbildung entsprechend mit Textilklebstoff zusammensetzen.

4 Die Papprolle mit Textilklebstoff einstreichen und mit dem Plüsch bekleben. Den Schafskopf an einer der beiden Öffnungen mit Klebstoff anbringen.

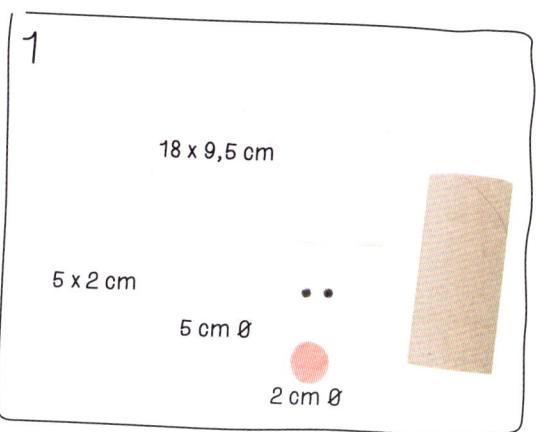

18 x 9,5 cm

5 x 2 cm

5 cm Ø

2 cm Ø

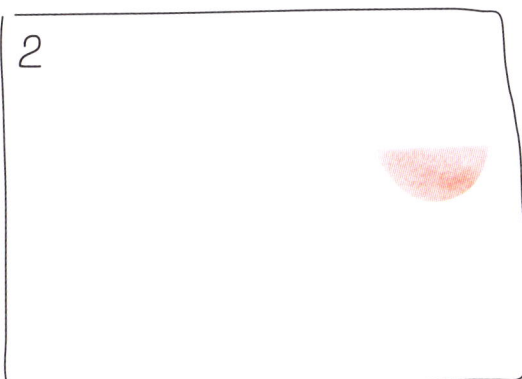

Fledermaus

So gehts

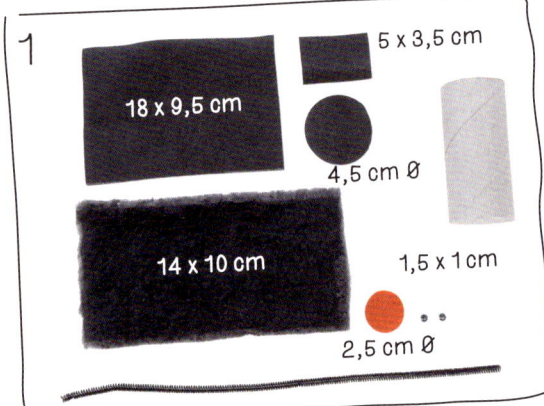

1 Die Plüsch- und Filzeinzelteile wie abgebildet zuschneiden. Den Chenilledraht, die Wackelaugen und die Papprolle bereitlegen.

2 Die schwarzen Filzrechtecke diagonal durchschneiden (Flügel und Ohren). Den roten Kreis halbieren und eine Hälfte als Mund verwenden. Für die Zähne das weiße Rechteck diagonal durchschneiden. Den Chenilledraht halbieren, an jeder Hälfte etwa ein Drittel abschneiden (Krallen).

3 Mit einer spitzen Schere zwei Löcher in den unteren Rand der Papprolle stechen. Für die Beine ein kurzes Chenilledrahtstück quer über ein Ende eines langen Chenilledrahtstücks legen und umwickeln. Die so entstandenen Beine an den Löchern der Papprolle befestigen.

4 Die Kopfeinzelteile der Abbildung entsprechend mit Textilklebstoff zusammensetzen. Die Rolle mit Textilklebstoff einstreichen und mit dem Plüsch bekleben. Die beiden Fledermausflügel übereinanderkleben. Die Fledermauseinzelteile mit Textilklebstoff zusammensetzen.

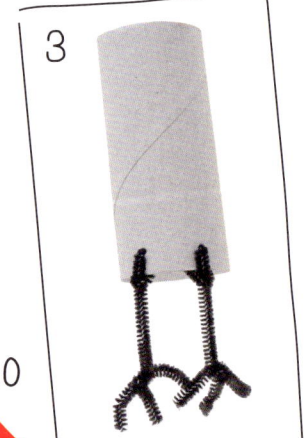

Dackel

So gehts

1 Die Fell-, Filz- und Tonkartonteile wie abgebildet zuschneiden. Die Wackelaugen und die Papprollen bereitlegen.

2 Vom roten Rechteck (Zunge) und zwei braunen Rechtecken (Ohren) jeweils zwei Ecken abschneiden. Das dritte Rechteck diagonal durchschneiden und eine Hälfte als Schwanz verwenden. Den Tonkartonstreifen in vier Teile schneiden (Beine).

3 Die Kopfeinzelteile der Abbildung entsprechend mit Textilklebstoff an der kleineren Papprolle anbringen.

4 Die Papprollen mit Textilklebstoff einstreichen und mit dem Langhaarfellimitat bekleben. Die Beine und den Schwanz an der größeren Rolle befestigen. Mit Textilklebstoff den Kopf des Hundes am Körper aufkleben.

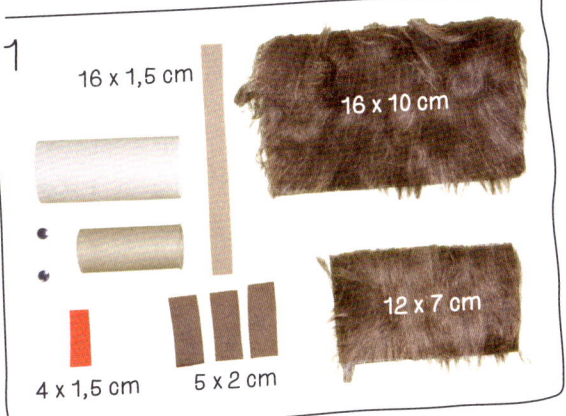

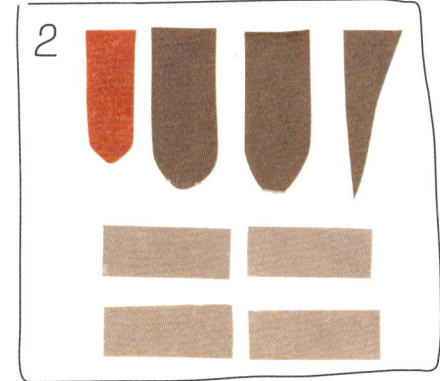

Igel

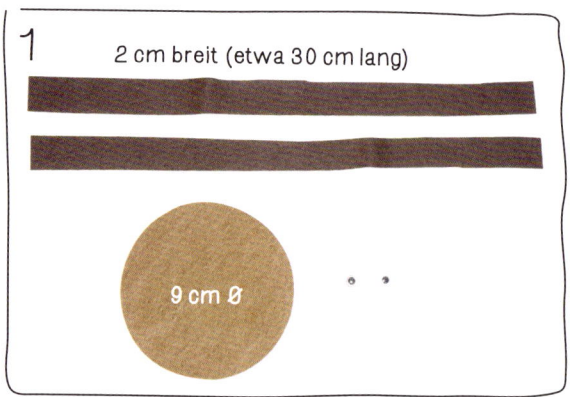

1

2 cm breit (etwa 30 cm lang)

9 cm Ø

So gehts

1 Die Filzstücke wie abgebildet zuschneiden, die beiden Wackelaugen bereitlegen.

2 Für den Kopf und die Stacheln von den braunen Streifen mehrere Stücke abschneiden. Den Kreis halbieren und als Körper verwenden.

3 Die kleinen Rechtecke diagonal durchschneiden.

4 Die Einzelteile der Igel der Abbildung entsprechend mit Textilklebstoff zusammensetzen. Die beiden Wackelaugen aufkleben (eventuell mit Heißkleber). Eine Nylonschnur zum Aufhängen anbringen.

2

3

Vögel

So gehts

1 Die Filzstücke wie abgebildet zuschneiden. Die Wackelaugen, die Knöpfe und das Satinband bereitlegen.

2 Die beiden Rechtecke diagonal durchschneiden und als Körper und Schnabel verwenden.

3 Vom Satinband vier längere Stücke abschneiden, die Perlen auffädeln und die Bandenden verknoten.

4 Die Einzelteile der Vögel wie abgebildet mit Textilklebstoff (eventuell Heißkleber) zusammensetzen. Mit einer spitzen Schere je zwei Löcher in den Filz bohren und die Satinbänder als Beine befestigen. Eine Nylonschnur zum Aufhängen anbringen.

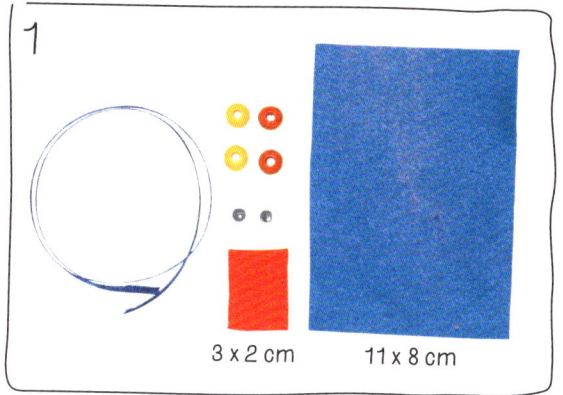

3 x 2 cm   11 x 8 cm

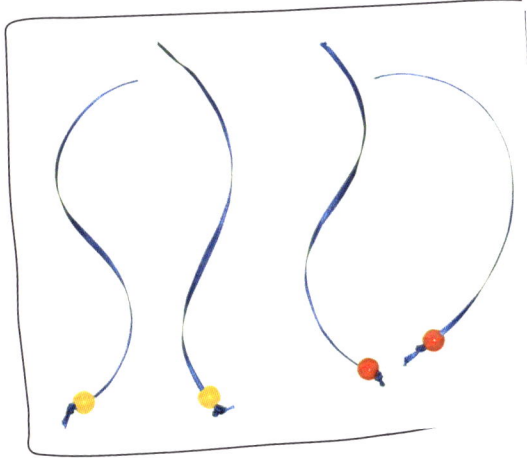

Teddybär

So gehts

1 Die Plüsch- und Filzstücke wie abgebildet zuschneiden. Die beiden Wackelaugen und den Knopf bereitlegen.

2 Vom großen Plüschrechteck (Körper) und den beiden kleinen Plüschrechtecken (Tatzen) alle vier Ecken abschneiden. Von den beiden mittleren Plüschrechtecken jeweils zwei nebeneinanderliegende Ecken (Arme), vom Filzquadrat (Bauch) alle Ecken abschneiden, ebenso von den Filzrechtecken (Mund und Fußsohlen).

3 Die Kopf- und Körpereinzelteile des Teddybären der Abbildung entsprechend mit Textilklebstoff zusammensetzen. Die beiden Wackelaugen und die Knopfnase mit Heißkleber ergänzen.

4 Die Einzelteile des Teddybären wie abgebildet mit Textilklebstoff auf die Stofftasche aufkleben (Achtung: Vor dem Bekleben einen Karton als Schutz vor dem Durchweichen in die Tasche einlegen).

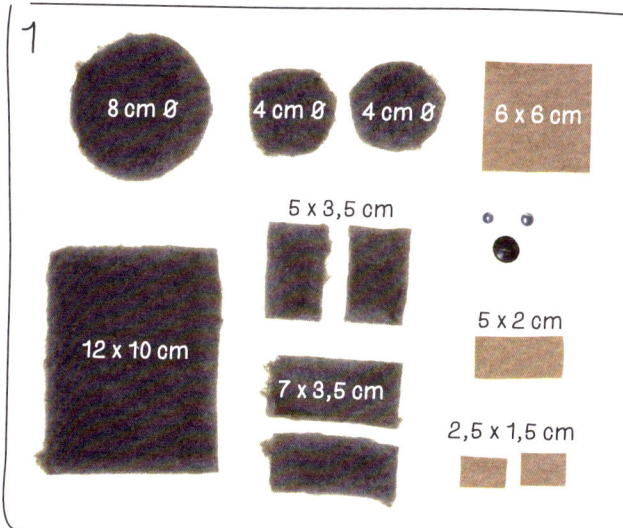

31

Monster

Du brauchst: eine große Stofftasche, grünen (Teddy-) Plüsch, Filz in den Farben Grün, Hellblau, Pink und Weiß, zwei ovale Wackelaugen, einen großen blauen und grünen Knopf; Textilklebstoff (eventuell Pinsel), Heißkleber, Schere

So gehts

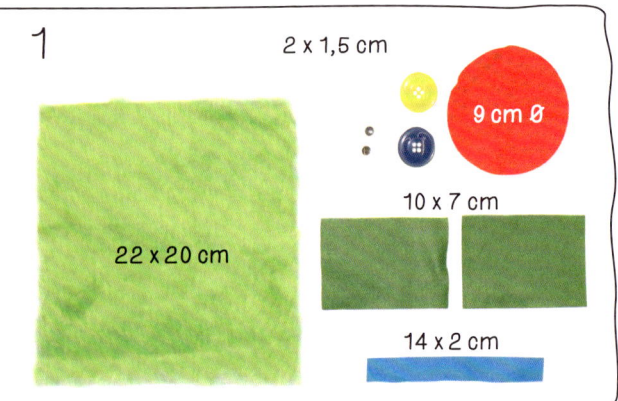

1 Die Plüsch- und Filzstücke wie abgebildet zuschneiden. Die beiden Wackelaugen und Knöpfe bereitlegen.

2 An den grünen Plüsch- und Filzrechtecken jeweils zwei nebeneinanderliegende Ecken rund abschneiden (Körper und Ohren). Den blauen Filzstreifen halbieren, den pink-farbenen Kreis halbieren und eine Hälfte für den Mund verwenden. Für die Zähne die weißen Filzrechtecke diagonal durchschneiden.

3 Die Gesichtseinzelteile der Abbildung entsprechend mit Textilklebstoff zusammensetzen. Für die Augen Heißkleber verwenden.

4 Die Einzelteile des Monsters wie abgebildet mit Textilklebstoff auf der Stofftasche anbringen (Achtung: Vor dem Bekleben einen Karton als Schutz vor dem Durchweichen in die Tasche einlegen).

Fuchs

Du brauchst: eine große Stofftasche, braunen, orange-farbenen, gelben, hell- und dunkelgrünen Filz, braune Märchen-wolle, einen orangefarbenen Knopf, zwei ovale Wackelaugen; Textilklebstoff (eventuell Pinsel), Heißkleber, Schere

So gehts

1 Die Filzstücke wie abgebildet zuschneiden. Die beiden Wackelaugen, den Knopf und die Märchenwolle bereitlegen.

2 Vom braunen Rechteck (Körper) alle Ecken rund abschneiden, zwei gegenüber-liegende etwas großzügiger. Den braunen Kreis der Abbildung entsprechend spitz zuschneiden (Kopf). Das braune Quadrat und den orangefarbenen Kreis halbieren (Ohren und Gesicht).

3 Die Kopfeinzelteile mit Textilklebstoff zusammensetzen. Für die Wackelaugen und den Knopf Heißkleber verwenden.

4 Die Einzelteile des Fuchses und die Märchen-wolle wie abgebildet mit Textilklebstoff auf der Stofftasche anbringen. Für das Herbst-laub mehrere verschiedenfarbige Rechtecke anfertigen, zuschneiden und auf der Tasche ergänzen (Achtung: Vor dem Bekleben einen Karton als Schutz vor dem Durchweichen in die Tasche einlegen).

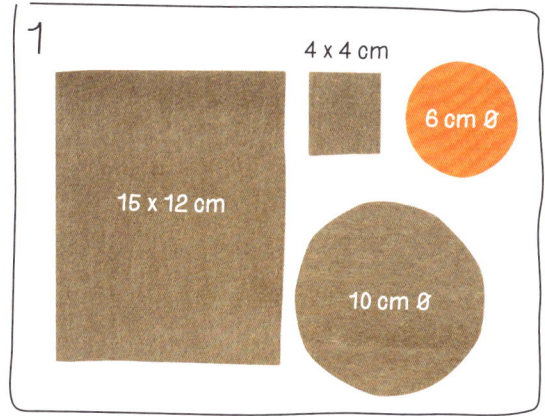

Eule

Du brauchst: eine kleine Stofftasche, Filz in den Farben Dunkelbraun, Hellbraun, Gelb und Orange, zwei runde Wackelaugen; Textilklebstoff (eventuell Pinsel), Heißkleber, Schere

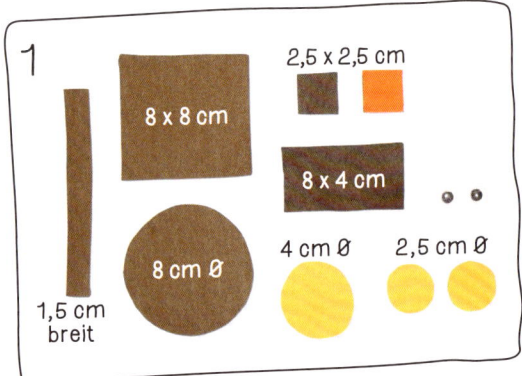

So gehts

1 Die Filzstücke wie abgebildet zuschneiden. Die beiden Wackelaugen bereitlegen.

2 Am hellbraunen Quadrat zwei nebeneinanderliegende Ecken rund abschneiden (Körper), den hellbraunen Kreis halbieren (Flügel), vom hellbraunen Streifen zwei Stücke abschneiden (Ohren). Vom dunkelbraunen Rechteck alle Ecken abschneiden (Kopf), das Quadrat diagonal durchschneiden (Füße). Das orangefarbene Quadrat diagonal durchschneiden und eine Hälfte als Schnabel verwenden. Den großen gelben Kreis mondförmig zuschneiden.

3 Die Einzelteile des Eulenkopfs mit Textilklebstoff zusammensetzen. Die Wackelaugen eventuell mit Heißkleber ergänzen.

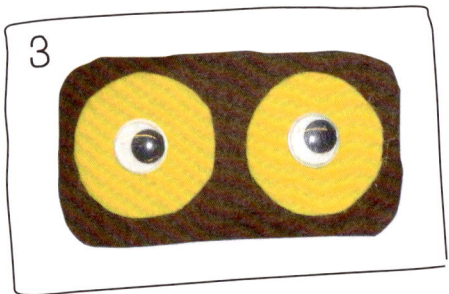

4 Die Einzelteile der Eule der Abbildung entsprechend mit Textilklebstoff auf der Stofftasche aufkleben. Den Mund ergänzen (Achtung: Vor dem Bekleben einen Karton als Schutz vor dem Durchweichen in die Tasche einlegen).

Nikolaus

So gehts

1 Die Stoff- und Filzstücke wie abgebildet zuschneiden. Die Wackelaugen, die Märchenwolle und Wolle bereitlegen.

2 Den roten Samt spitz zuschneiden (Körper), von der Wolle ein längeres Stück abschneiden.

3 Den braunen Filz am oberen Ende mit der Wolle abbinden (Sack).

4 Die Nikolauseinzelteile der Abbildung entsprechend mit Textilklebstoff auf der Stofftasche aufkleben. Etwas Märchenwolle mit Textilklebstoff als Bart am Kopf aufkleben. Die beiden Wackelaugen mit Heißkleber anbringen (Achtung: Vor dem Bekleben einen Karton als Schutz vor dem Durchweichen in die Tasche einlegen).

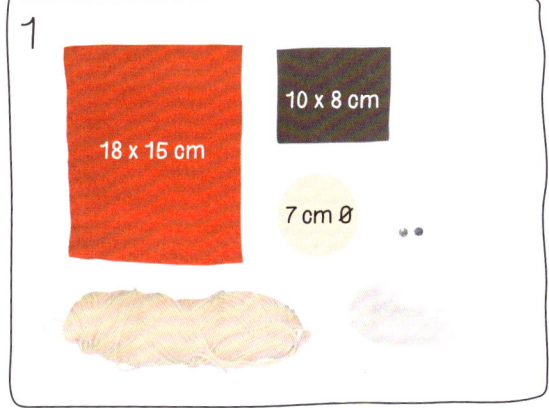

18 x 15 cm

10 x 8 cm

7 cm Ø

Gespenst

So gehts

1 Den Baumwollstoff und den Filz wie abgebildet zuschneiden. Den Holzstab, die Wattekugel, die Wackelaugen und das Stoffband bereitlegen.

2 Den Filzkreis halbieren und eine Hälfte als Mund verwenden. Vom Baumwollband ein längeres Stück abschneiden.

3 Die Wattekugel auf den Holzstab aufstecken (eventuell zusätzlich mit Textilklebstoff fixieren). Den Baumwollstoff straff darüber ziehen und mit dem Stoffband abbinden.

4 Mit Textilklebstoff die Wackelaugen und den Mund ergänzen.

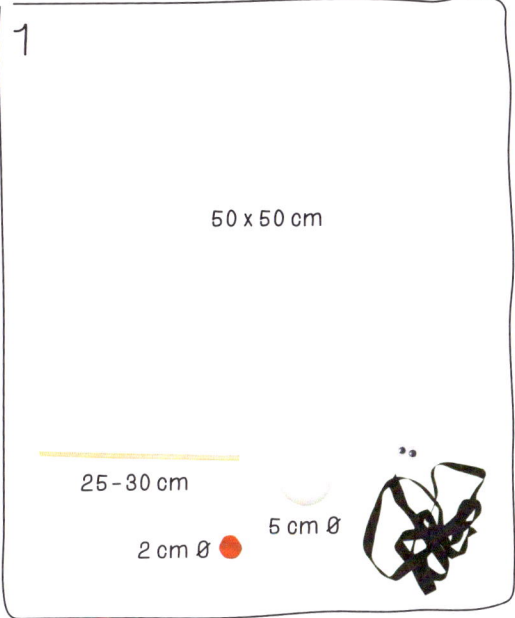

50 x 50 cm

25 – 30 cm

2 cm Ø

5 cm Ø

Pirat

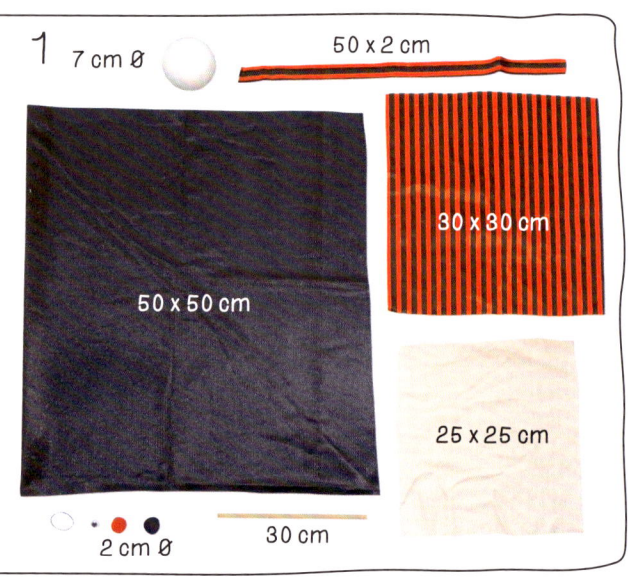

So gehts

1 Die Stoffe und den Filz wie abgebildet zuschneiden. Den Holzstab, die Wattekugel, das Wackelauge und das Gummiband bereitlegen.

2 Die Wattekugel auf den Holzstab aufstecken (eventuell zusätzlich mit Textilklebstoff befestigen). Den Baumwollstoff straff darüber ziehen und mit dem Gummiband fixieren.

3 Das gestreifte Stoffquadrat zu einem Kopftuch falten, am Piratenkopf umbinden und seitlich festknoten. Für den Mund den Filzkreis halbieren und eine Hälfte mit Textilklebstoff anbringen. Die schwarze Augenklappe und das Wackelauge ergänzen.

4 Den schwarzen Wirksatin mit einer spitzen Schere mittig über Kreuz einschneiden. Den Holzstab mit dem Piratenkopf durch den entstandenen Kreuzschlitz führen und mit dem Satinband festbinden.

Meerjungfrau

Du brauchst: hautfarbenen Tonkarton, pinkfarbenes Tonpapier, türkisblauen Satin, hellgrünes Satinband, hellgrünen Filz, türkisblaue Märchenwolle, zwei ovale Wackelaugen; Klebestift, Schere, Locher

So gehts

1 Die Papiere und Stoffe wie abgebildet zuschneiden. Die Märchenwolle, das Satinband und die Wackelaugen bereitlegen.

2 Für den Körper vom hautfarbenen Quadrat zwei nebeneinanderliegende Ecken abschneiden. Den längeren hautfarbenen Streifen halbieren (Arme), vom kürzeren ein Stück für den Hals abschneiden. Für die Hände den hautfarbenen Kreis halbieren. Den roten Kreis halbieren und eine Hälfte für den Mund verwenden.

3 Die Einzelteile des Kopfs mit dem Klebestift zusammensetzen. Die beiden Wackelaugen und einen rosafarbenen Locherpunkt als Nase ergänzen. Türkisfarbene Märchenwolle als Haare aufkleben. Die beiden Hände an den Armen befestigen.

4 Mit dem Klebestift den Satinstoff am Körper befestigen. Die Einzelteile der Meerjungfrau entsprechend der Abbildung zusammensetzen. Das hellgrüne Filzband als Taillenabschluss aufkleben, mit dem hellgrünen Satinband den Unterkörper abbinden.

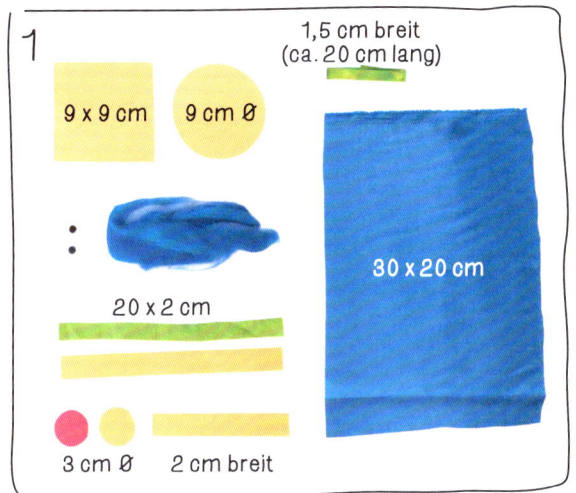

Prinzessin

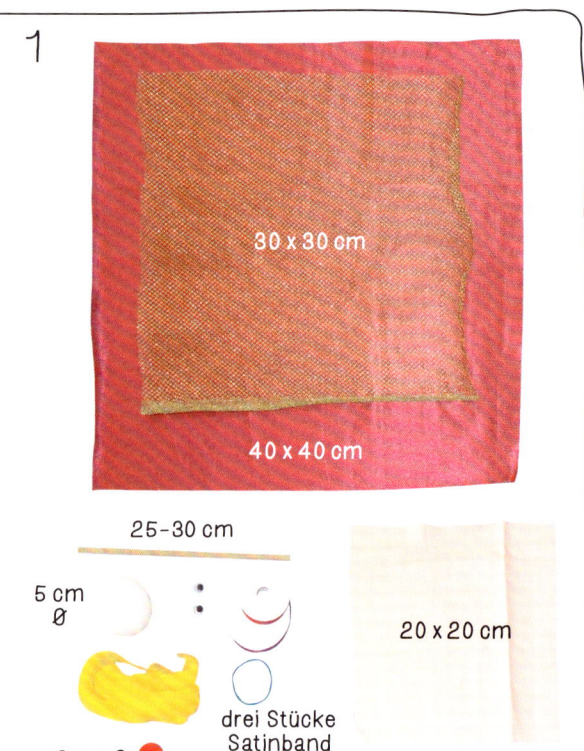

1

30 x 30 cm

40 x 40 cm

25–30 cm

5 cm Ø

20 x 20 cm

2 cm Ø

drei Stücke Satinband ca. 15 cm

Du brauchst: eine Wattekugel, einen Holzstab, ein Gummiband, rosafarbenen Baumwollstoff, goldfarbenen Stoff, pinkfarbenen Wirksatin und Filz, pinkfarbenes Satinband, gelbe Märchenwolle, zwei runde Wackelaugen; Textilklebstoff, Schere, rosafarbenen Fasermalstift

So gehts

1 Die Stoffe und den Filz wie abgebildet zuschneiden. Den Holzstab, die Wattekugel, die Wackelaugen, die Märchenwolle, das Satinband und das Gummiband bereitlegen.

2 Den pinkfarbenen Wirksatin mit einer spitzen Schere mittig über Kreuz einschneiden. Den roten Filzkreis halbieren und eine Hälfte als Mund verwenden. Vom Satinband drei etwa 15 cm lange Stücke abschneiden.

3 Die Wattekugel auf den Holzstab aufstecken (eventuell zusätzlich mit Textilklebstoff befestigen). Den rosafarbenen Baumwollstoff straff darüber ziehen und mit dem Gummiband fixieren. Der Abbildung entsprechend gelbe Märchenwolle als Haare anbringen und mit zwei Satinbändern abbinden. Die Wackelaugen und den Mund aufkleben, mit dem Fasermalstift die Nase ergänzen.

4 Den Holzstab durch den Kreuzschlitz des Wirksatins führen. Den goldenen Stoff als Umhang darüber legen und beides mit dem dritten Satinband festbinden.

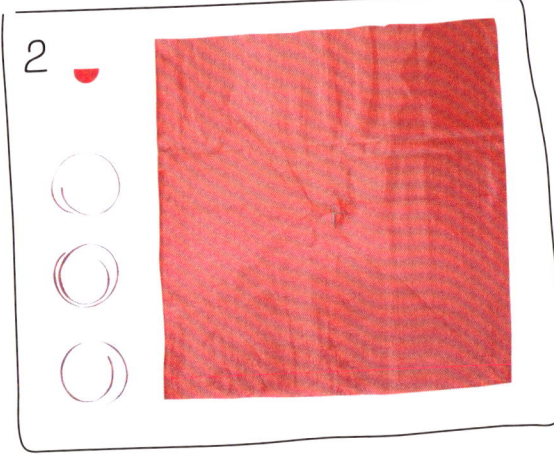

2

3

Ostern

Du brauchst: hellgrünes Tonpapier, gelben Filz, verschiedenfarbige Bänder; Klebestift, Schere

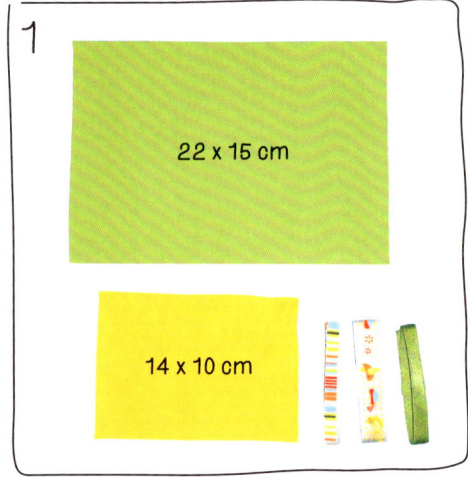

1

22 x 15 cm

14 x 10 cm

So gehts

1 Das Tonpapier und den Filz wie abgebildet zuschneiden. Die Bänder bereitlegen.

2 Um die ovale Eiform zu erhalten, die Ecken des Filzrechtecks rund abschneiden. Mehrere Streifen von den Bändern abschneiden (etwas länger als die Breite des Eis).

3 Die verschiedenen Bänder mit dem Klebestift auf dem Ei befestigen. Die überstehenden Ränder nach hinten umknicken und an der Rückseite ankleben.

4 Das Tonpapier mittig zu einer Grußkarte falten und das fertiggestellte Ei mit dem Klebestift darauf befestigen.

2

3

Vogelhaus

So gehts

1 Das Tonpapier und den Filz wie abgebildet zuschneiden. Die Bänder und den Knopf bereitlegen.

2 Das Filzquadrat diagonal durchschneiden und eine Hälfte als Dach verwenden. Von den Satinbändern ein längeres sowie ein kürzeres Stück abschneiden.

3 Das Tonpapier mittig zu einer Grußkarte falten. Die Einzelteile des Vogelhäuschens entsprechend der Abbildung mit etwas Textilkleber zusammensetzen und mit dem Klebestift auf der Karte befestigen. Überstehende Bandenden eventuell abschneiden. Den Knopf mit etwas Heißkleber aufkleben.

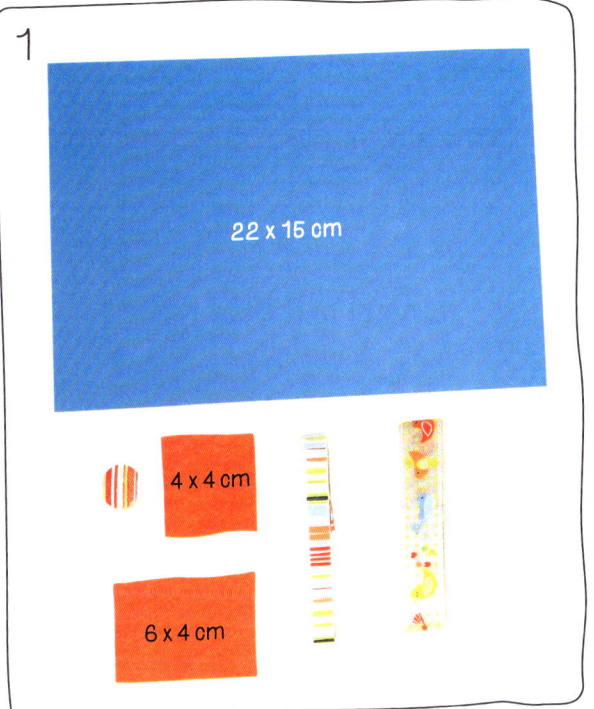

Blumen

Du brauchst: grünes Tonpapier, verschiedenfarbigen Filz, grünes Satinband, zwei größere und zwei kleinere bunte Knöpfe; Klebestift, Heißkleber, Schere

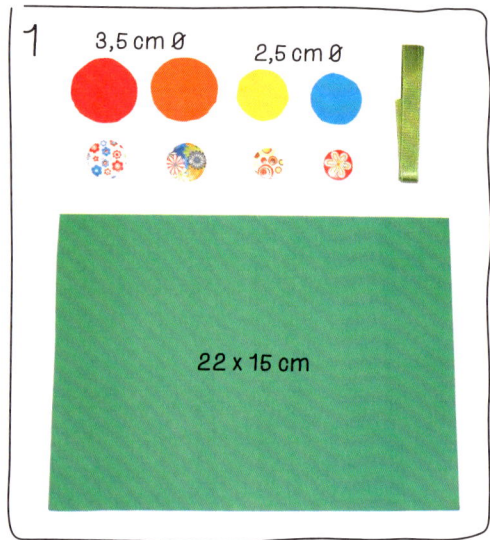

So gehts

1 Das Tonpapier und die Filzkreise wie abgebildet vorbereiten. Die Knöpfe und das Satinband bereitlegen.

2 Die Filzkreise mit einer (spitzen) Schere entsprechend der Abbildung am Rand etwas einschneiden. Vom Satinband vier unterschiedlich lange Streifen abschneiden.

3 Das Tonpapier mittig zu einer Grußkarte falten. Mit dem Klebestift zunächst die Satinbänder auf der Karte anbringen, danach die Filzkreise aufkleben.

4 Mit etwas Heißkleber die Knöpfe auf den Blüten anbringen.

Kerzen

So gehts

1 Das Tonpapier, das Stoffband und die Filzstücke wie abgebildet zuschneiden. Die Wolle bereitlegen.

2 Vom Stoffband etwa ein Drittel abschneiden, die beiden entstandenen Stücke als Kerzen verwenden. Für die Flammen jeweils drei Ecken an den Filzquadraten rund abschneiden. Von der Wolle zwei Stücke abschneiden.

3 Das Tonpapier mittig zu einer Grußkarte falten. Die Einzelteile der Kerzen der Abbildung entsprechend mit dem Klebestift zusammensetzen und auf der Karte anbringen.

Tannenbäume

Du brauchst: orangefarbenes Tonpapier, dunkelgrünen und braunen Filz, mehrere bunte kleine Knöpfe, Textilklebstoff (eventuell Pinsel), Klebestift, Heißkleber, Schere

Hinweis: Aus den vorbereiteten Filzstücken lassen sich zwei Tannenbäume anfertigen. Der zweite Baum kann als Anhänger genutzt werden: Einfach einen Faden durch die Spitze des Baums ziehen und verknoten.

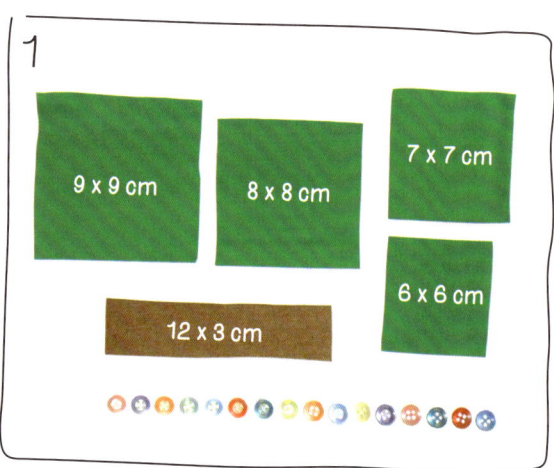

So gehts

1 Die Filzstücke wie abgebildet zuschneiden. Die Knöpfe bereitlegen und zusätzlich noch orangefarbenes Tonpapier, 22 x 15 cm.

2 Die Quadrate diagonal durchschneiden und alle Ecken der entstandenen Dreiecke rund abschneiden. Für die Baumstämme das Rechteck halbieren.

3 Die Einzelteile der Tannenbäume der Abbildung entsprechend mit Textilkleber zusammensetzen, die Knöpfe mit etwas Heißkleber befestigen.

4 Das Tonpapier mittig zu einer Gruß-karte falten und einen Tannenbaum mit Klebestift darauf anbringen.

Affe

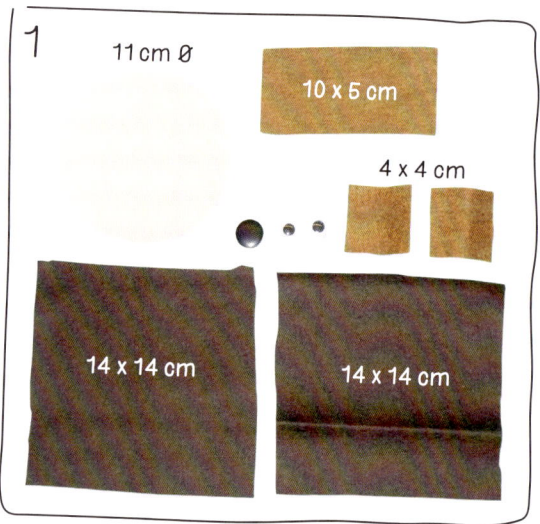

So gehts

1 Die Filzstücke wie abgebildet zuschneiden. Den Bierdeckel, den Knopf und die Wackelaugen bereitlegen.

2 Die beiden dunkelbraunen Quadrate mit etwas Textilkleber auf der Vorder- und der Rückseite des Bierdeckels anbringen und der Bierdeckelkante entlang rund zuschneiden. Vom hellbraunen Rechteck alle vier Ecken rund, an den beiden Quadraten jeweils zwei nebeneinanderliegende Ecken abschneiden.

3 Die Einzelteile des Affenkopfs der Abbildung entsprechend mit Textilkleber zusammensetzen.

4 Mit Heißkleber die beiden Wackelaugen und den Knopf befestigen. Mit dem Kugelschreiber den Affenmund aufzeichnen.

Löwe

Du brauchst: einen Bierdeckel (alternativ: Fotokarton), dunkelbraunen und gelben Filz, zwei ovale Wackelaugen, braunen Bast; Textilklebstoff (eventuell Pinsel), Heißkleber, Schere, schwarzen Kugelschreiber oder Fineliner

So gehts

1 Die Filzstücke wie abgebildet zuschneiden. Den Bierdeckel, die Wackelaugen und den Bast bereitlegen.

2 Das gelbe Quadrat mit etwas Textilkleber auf einer Seite des Bierdeckels anbringen und der Bierdeckelkante entlang rund zuschneiden. Vom größeren braunen Quadrat einen Kreis mit 16 cm Durchmesser anfertigen. Für die Nase das kleine braune Quadrat diagonal durchschneiden und an einer Hälfte alle Ecken rund abschneiden. Vom Bast sechs Stücke abschneiden und als Barthaare verwenden.

3 Den braunen Kreis an der Rückseite des Löwenkopfs fixieren und rundherum bis zur Bierdeckelkante einschneiden.

4 Die Nase aufkleben; die Wackelaugen und Barthaare mit Heißkleber befestigen. Den Löwenmund mit dem Kugelschreiber anzeichnen.

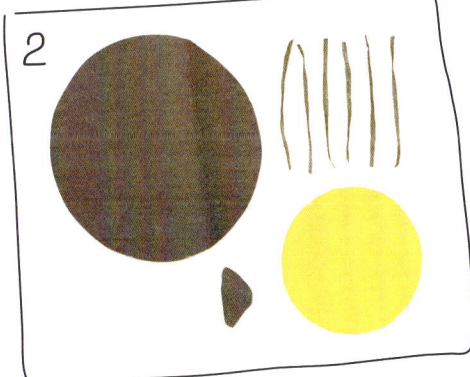

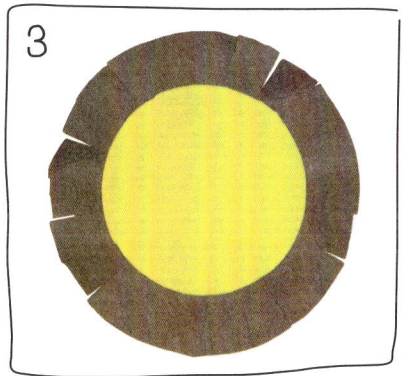

Elefant

So gehts

1 Die Filzstücke wie abgebildet zuschneiden. Den Bierdeckel und die Wackelaugen bereitlegen.

2 Die beiden grauen Quadrate auf die Vorder- und die Rückseite des Bierdeckels aufkleben und der Bierdeckelkante entlang rund zuschneiden. An den grauen Rechtecken alle vier Ecken rund abschneiden, zwei davon etwas großzügiger. Vom grauen Streifen ein langes Stück abschneiden und als Rüssel verwenden. Den weißen Streifen für die Stoßzähne halbieren und spitz zuschneiden.

3 Die beiden Stoßzähne mit etwas Textilkleber am Rüssel anbringen.

4 Die Einzelteile des Elefantenkopfs mit Textilkleber zusammensetzen. Die beiden Augen mit Heißkleber anbringen.

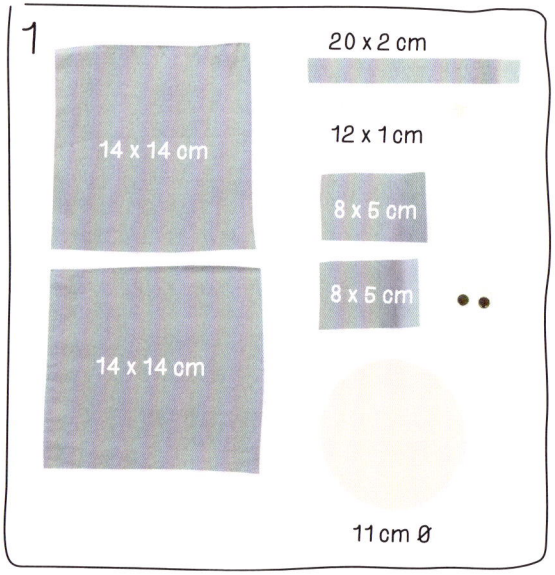

1

20 x 2 cm

14 x 14 cm

12 x 1 cm

8 x 5 cm

8 x 5 cm

14 x 14 cm

11 cm Ø

2

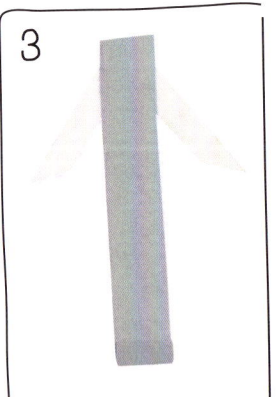

3

Schwein

So gehts

1 Die Filzstücke wie abgebildet zuschneiden. Den Bierdeckel, den Knopf und die Wackelaugen bereitlegen.

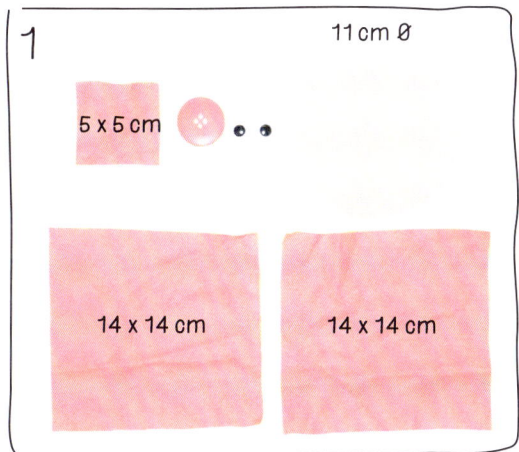

2 Die beiden rosafarbenen Quadrate mit etwas Textilkleber auf der Vorder- und der Rückseite des Bierdeckels anbringen und der Bierdeckelkante entlang rund zuschneiden. Für die Ohren das rosafarbene Quadrat diagonal durchschneiden und jeweils eine Ecke der längeren Seite rund abschneiden.

3 Die beiden Ohren mit Textilkleber am Kopf befestigen.

4 Die beiden Wackelaugen und den Knopf mit Heißkleber fixieren. Mit dem Kugelschreiber den Mund aufzeichnen.

Kuh

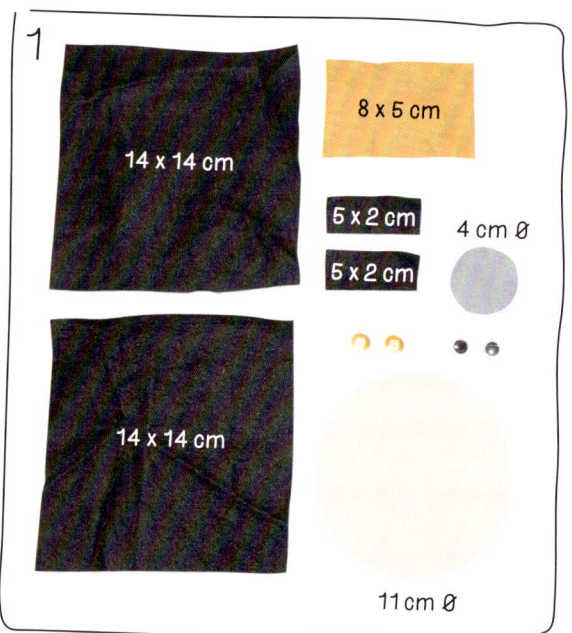

So gehts

1 Die Filzstücke wie abgebildet zuschneiden. Den Bierdeckel, die Knöpfe und die Wackelaugen bereitlegen.

2 Die beiden schwarzen Quadrate mit Textilkleber auf die Vorder- und die Rückseite des Bierdeckels aufkleben und der Bierdeckelkante entlang rund zuschneiden. Für die Ohren an den schwarzen Rechtecken jeweils zwei Ecken einer schmalen Seite spitz zuschneiden. Vom hellbraunen Rechteck alle Ecken rund abschneiden. Den grauen Kreis halbieren und die Hälften als Hörner verwenden.

3 Die Kopfeinzelteile mit Textilkleber zusammensetzen. Mit Heißkleber die beiden Wackelaugen und Knöpfe anbringen.

Hase

Du brauchst: einen Bierdeckel (alternativ: Fotokarton), braunen Filz, zwei ovale Wackelaugen, einen schwarzen Knopf, braunen Bast; Textilklebstoff (eventuell Pinsel), Heißkleber, Schere

So gehts

1 Die Filzstücke wie abgebildet zuschneiden. Den Bierdeckel, die Wackelaugen, den Knopf und den Bast bereitlegen.

2 Die beiden Quadrate mit Textilkleber auf die Vorder- und die Rückseite des Bierdeckels kleben und der Bierdeckelkante entlang rund zuschneiden. Für die Ohren an den Rechtecken jeweils zwei Ecken einer schmalen Seite rund abschneiden. Vom Bast drei längere Stücke abschneiden und als Barthaare verwenden.

3 Die beiden Ohren mit Textilkleber am Kopf befestigen.

4 Die beiden Wackelaugen, die Barthaare und den Knopf mit Heißkleber anbringen.

1

14 x 14 cm

11 cm Ø

10 x 3 cm

14 x 14 cm

10 x 3 cm

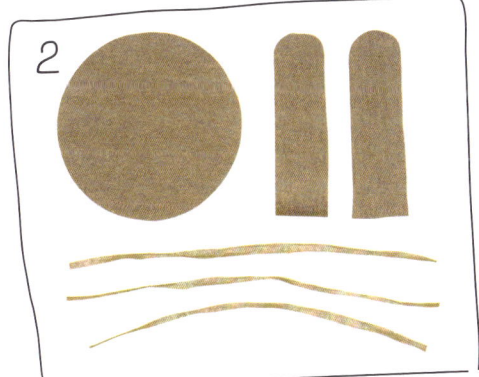

2

3

Frosch

Du brauchst: zwei Bierdeckel (alternativ: Fotokarton), hellgrünen, dunkelgrünen und roten Filz, zwei ovale Wackelaugen, zwei kleine schwarze Knöpfe, eine Holzwäscheklammer; Textilklebstoff (eventuell Pinsel), Heißkleber, Schere

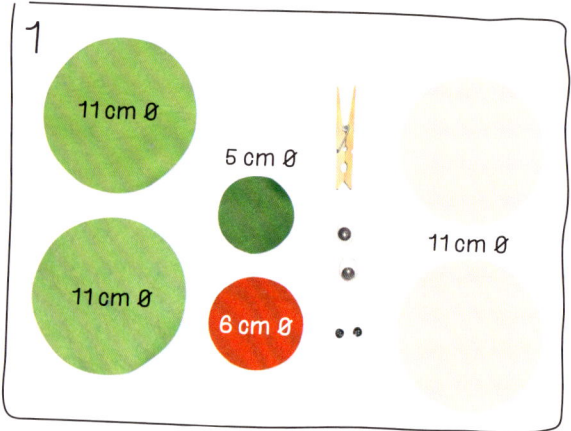

So gehts

1 Die Filzstücke wie abgebildet zuschneiden. Die Bierdeckel, die Wackelaugen, die Knöpfe und die Holzklammer bereitlegen.

2 Für die Augen von den beiden dunkelgrünen Kreisen etwa zwei Drittel abschneiden, für den Mund ein Drittel des roten Kreises.

3 Die beiden hellgrünen Kreise mit Textilkleber einseitig auf die Bierdeckel kleben. Auf einen der Kreise die Gesichtseinzelteile anbringen. Mit Heißkleber die beiden Wackelaugen und Knöpfe befestigen und die Holzklammer mittig zwischen die Bierdeckel kleben.

Impressum

Arbeitsfotos:
Eva Danner, Beate Vogel
Illustrationen:
Marleen Rutgers
Layout, Satz & Covergestaltung:
GrafikwerkFreiburg
Reproduktion:
RTK & SRS mediagroup GmbH
Druck & Verarbeitung: Neografia, Slowakei

ISBN 978-3-8388-3604-1
Art-Nr. 3604

✆ Kreativ-Service

Sie haben Fragen zu den Büchern und Materialien? Frau Erika Noll ist für Sie da
und berät Sie rund um alle Kreativthemen. Rufen Sie an! Wir interessieren uns
auch für Ihre eigenen Ideen und Anregungen. Sie erreichen Frau Noll per E-Mail:
mail@kreativ-service.info oder Tel.: +49 (0) 5052 / 91 18 58

Besuchen Sie uns im Internet: www.christophorus-verlag.de